Lob 437

DÉNONCIATION

AUX

COURS ROYALES.

DÉNONCIATION

AUX

COURS ROYALES,

RELATIVEMENT

AU SYSTÈME RELIGIEUX ET POLITIQUE;

PAR M. LE COMTE

DE MONTLOSIER.

(Extrait du Journal des Débats du 28 juillet 1826.)

PARIS.

CHEZ LES MARCHANDS DE NOUVEAUTÉS.

1826.

IMPRIMERIE D'AUGUSTE BARTHELEMY,
Rue des Grands-Augustins, n° 10.

DÉNONCIATION

AUX

COURS ROYALES

RELATIVEMENT

AU SYSTÈME RELIGIEUX ET POLITIQUE.

————

A Monsieur le premier Président, à Messieurs les Présidens, les Conseillers membres de la chambre d'accution, à tous Messieurs les Conseillers à la Cour Royale de Paris.

« Ce seizième jour du mois de juillet dix-huit cent vingt-six, je soussigné, François-Dominique de Reynaud, comte de Montlosier, an-

ciennement député de la noblesse
d'Auvergne aux Etats-généraux de
1789, attaché pendant vingt-cinq
ans au ministère des affaires étran-
gères, dont je viens d'être récem-
ment congédié, informé de différens
faits graves commis en infraction des
lois de l'Etat, contre la sûreté du
Roi, la prospérité de la religion, la
tranquillité publique et l'ordre social,
par différens personnages dont un
grand nombre sont plus ou moins
élevés en dignité et recommandables
par leur talent et leur caractère, et
désirant, en ma qualité de chrétien,
de citoyen, de gentilhomme et d'an-
cien serviteur du roi et de la royauté,
donner connaissance à l'autorité publique de ces délits, dont plusieurs
me paraissent avoir le caractère de
crimes de lèse-majesté; après avoir

conféré sur ce point avec un grand
nombre de mes amis distingués par
leur instruction, leurs sentimens religieux et leurs vertus, et d'après l'a-
vis d'un grand nombre de jurisconsultes de cette capitale, réunis en
plusieurs séances successives au nombre de quarante-cinq, de soixante,
de quatre-vingts, à l'effet de déli-
bérer sur le *Mémoire à consulter*, qui
leur a été soumis, relativement *à un
système religieux et politique tendant à
renverser la religion, la société et le
trône;* système résultant des quatre
fléaux suivans :

« 1°. Un ensemble de congrégations religieuses et politiques répan-
dues dans toute la France ; 2° divers
établissemens de la société odieuse
et prohibée des jésuites ; 3° la profession patente ou plus ou moins

dissimulée de l'ultramontanisme ;
4° l'esprit d'envahissement des prêtres, résultant de leurs empiètemens
continuels sur l'autorité civile, ainsi
que d'une multitude d'actes arbitrai-
res et tyranniques exercés sur les fidèles : lesquels avocats ou jurisconsultes
ont tous été unanimement d'avis que
j'avais non-seulement le droit légal,
mais encore à cause de ma position,
le devoir rigoureux de dévoiler et de
dénoncer à l'autorité publique lesdits
délits comme attentatoires à la religion, à la sûreté du Roi et de l'Etat ;
ai résolu, par acte de ce jour déposé
doublement, savoir : au greffe pour
l'information de M. le premier président et celle de MM. les présidens
et MM. les conseillers de ladite Cour ;
au Parquet, pour l'information de
M. le procureur-général, de dénon-

cer juridiquement et donner connaissance à l'autorité publique, c'est à
savoir :

» 1°. De l'existence de plusieurs
affiliations ou réunions illicites de
diverses espèces, connues sous le
nom générique de *congrégation*, par-
mi lesquelles quelques-unes ayant
pour objet apparent des exercices de
piété, d'autres celui de propager la
foi chrétienne dans les contrées étran-
gères, d'autres celui de répandre la
morale et la religion dans certaines
classes inférieures de la société, paraissent toutes liées par le même esprit, et sous une direction centrale,
tendent ainsi à raison d'engagemens
divers, de promesse, de serment ou
de vœu, à se composer dans l'Etat
une influence particulière, au moyen
de laquelle elles espèrent maîtriser

l'administration, le ministère et le gouvernement. Sur toutes ces réunions, à l'égard desquelles j'ai reçu à diverses reprises et de diverses personnes des révélations particulières, j'offre non-seulement mon propre témoignage et celui de différentes personnes, mais encore avec d'autres pièces de conviction *le Moniteur* en date des 28 et 29 mai de la présente année, où un ministre du Roi a confessé, par une déclaration authentique, l'existence des congrégations religieuses, et énoncé par ouï-dire l'existence des congrégations politiques.

» 2°. En ce qui concerne les jésuites, je dénonce à la Cour royale et à M. le procureur-général l'existence flagrante d'un établissement *jésuitique*, appelé de Mont-Rouge, situé dans la banlieue de Paris, en infraction des lois anciennes et nouvelles du royaume qui ont proscrit les Ordres monastiques, et particulièrement l'Ordre de la Société de Jésus. Que cet établissement soit positivement jésuitique, c'est sur quoi il serait superflu d'insister ; les religieux de cette maison n'en dissimulent ni le caractère ni la dénomination : ce qui se rapporte au surplus à une lettre de Rome du général de cet Ordre, en date du 17 mai 1822, dans laquelle ce général parle de *l'état de sa compagnie en France, et des établisssemens qui y sont déjà;* lettre dont il m'a été donné une particulière connaissance, et dont personne n'a contesté l'authenticité ; ce qui enfin ne peut plus offrir de doute depuis l'aveu fait solennellement par un ministre du Roi de l'existence de plusieurs de ces établissemens, formés par des évêques, et protégés ou tolérés par le gouvernement. `

» Concurremment avec ces établissemens, je crois devoir dénoncer comme complices, fauteurs des jésuites, et ainsi attentatoires à l'obéissance due au Roi et aux lois établies, les mandemens de plusieurs évêques; savoir : 1º un mandement de M. l'archevêque de Besançon, en date du 25 janvier 1826, où, en faisant allusion à la société des jésuites, il représente leur destruction comme ayant été l'ouvrage de l'impiété et de la philosophie; 2º un mandement de M. l'évêque de Meaux, en date du mois de février présente année, ou une grande louange est donnée également à l'institution des jésuites, 3° un autre mandement de M. l'évêque de Strasbourg, en date du même mois et de la même année, avec les mêmes éloges et dans le même esprit ; 4° un mandement de M. l'évêque du Belley, rédigé dans des termes encore plus précis et plus hostiles.

» La Cour distinguera sûrement ce qui appartient à la liberté de la presse dans de simples individus sans caractère officiel et sans autorité ; et ce qui concerne des prélats qui, parlant aux fidèles avec l'autorité de leur ministère, élèvent par cela même drapeau contre drapeau, autorité contre autorité.

» 3° En ce qui concerne l'ultra-montanisme, je dénonce aux mêmes autorités et dans les mêmes qualités que dessus, non plus comme il y a

quelque temps, une doctrine ultra-
montaine, frénétique, audacieuse,
telle qu'elle a été consignée ancien-
nement dans les écrits de M. le
comte de Maistre et de M. l'abbé de
laMennais, doctrine d'abord avouée
ouvertement, favorisée et protégée,
puis à cause du scandale, vernissée
de diverses manières et modifiée ; je
dénonce expressément cette dernière
espèce d'ultramontanisme, plus vé-
néneuse encore que la précédente,
attendu qu'elle a su en se conservant
dans son intégrité s'envelopper avec
habileté, auprès du public, de dis-
simulation ; auprès du souverain,
des formes de la fidélité et de l'adu-
lation.

» Sous ce rapport, je dénonce
comme captieuse et attentatoire aux
droits de la couronne et aux lois de

l'Etat, une adresse au Roi, signée par plusieurs évêques de France, contenant une prétendue profession de l'indépendance de l'autorité royale à l'égard de toute autorité ecclésiastique ; en ce que, dans ladite adresse, il n'est nullement fait mention de la déclaration du clergé de 1682 ; laquelle, à raison de cette omission faite dans un acte aussi solennel et aussi authentique, a l'air d'être négligée et délaissée ; d'où l'on peut croire qu'un acte lié à nos lois fon damentales, consacré par nos ancêtres et par la sagesse du grand Roi, est désormais jeté dans l'oubli, et en quelque sorte dans le néant.

» J'ai appelé la nouvelle déclara-, tion des évêques, inventée pour anéantir la précédente, un acte *cap-tieux* et *attentatoire aux lois de l'Etat,*

2

en ce que cet acte semble avoir moins
pour objet d'assurer l'indépendance
royale qui y est énoncée nominati-
vement, que de consacrer, en op-
position à ladite autorité, le dogme
de l'infaillibilité du Pape, qu'on
tient ainsi en réserve, pour le pro-
duire quand il le faudra, et d'une
manière décisive, au premier conflit
qui s'élèvera, ou qu'on élèvera dans
des matières qu'on affecte d'appeler
MATIÈRES MIXTES.

» De plus, je dénonce l'omission
qui a lieu généralement dans les
écoles et dans les séminaires, de
l'enseignement des quatre articles de
la déclaration de 1682, en contra-
ventions aux anciennes lois et aux
ordonnances de nos Rois.

» Enfin, en ce qui concerne l'esprit d'envahissement des prêtres,

tout ainsi que la société doit sa protection aux ministres du culte dans
l'exercice de ce culte, contre des citoyens perturbateurs ou dissidens,
elle doit sa protection aux citoyens
dans l'observance du culte, contre
la déraison ou exaltations de certains
prêtres. J'ai sous ma main une liasse
de cinq cents faits plus singuliers et
plus ridicules les uns que les autres,
qui sont autant d'attentats de la part
des prêtres d'un ordre inférieur,
contre la tranquillité des citoyens :
attentats qui se renouvellent sans
cesse, et qui, à moins que la sagesse
des magistrats n'y mette ordre, con-
tinueront à se perpétuer et à se mul-
tiplier jusqu'à ce qu'ils produisent
enfin une explosion. Ici ce sont des
refus de communion; là ce sont des
en   exercées dans les églises

contre des citoyens, contre des vieillards, contre des femmes. Ailleurs ce sont des insultes ou des violences hors des églises mêmes, notamment dans des processions.

» Ici ce sont, en dessein d humiliation, des chicanes élevées à l'occasion d'un baptême ou de la présentation d'un parrain ou d'une marraine. Là, d'autres chicanes en dessein de vengeance à l'occasion de l'administration des sacremens et de la cérémonie des sépultures : ailleurs, un mourant à l'agonie n'a pas assez de se débattre contre la douleur et contre la mort, il faut qu'il envoie plaider contre son cure chez son évêque, et l'évêque ne peut ou a peine à obtenir l'obéissance du cure. C'est ce qui vient d'arriver à Reims.

» Au moment présent, je n'ai

point à dénoncer l'inconduite scàn-
daleuse de MM. les curés de Saint-
Roch et de Saint-Laurent, à l'occasion de divers refus de sépulture :
ces faits peuvent passer pour suran-
nés ; mais j'ai à dénoncer la doctrine
par laquelle ils ont appuyé leurs refus, et l'assentiment que, dans une
circonstance importante, un ministre
du Roi a paru lui donner.

» Il est d'autant plus urgent de
pourvoir à ses scandales, que dans
plusieurs occasions, et notamment
dans des mandemens, les autorités
ecclésiastiques ont paru ou dédai-
gner, ou même censurer des arrêts
de la Cour royale.

» Ladite dénonciation ainsi faite
à M. le premier président, à MM. les
présidens et conseillers, membres
de la chambre d'accusation, et en

général à tous MM. les conseillers de
la Cour, je l'ai signée comme suit,
à toutes les pages.

» François-Dominique DE REYNAUD,
» COMTE DE MONTLOSIER.»

VOYAGE D'ANACHARSIS

EN GRECE,

PAR J.-J. BARTHELEMY.

UN SEUL VOLUME IN-8°.

ORNÉ DE 63 PLANCHES ET D'UN PORTRAIT.

(*Le Prospectus se distribue gratis.*)

Cette nouvelle édition, imprimée en caractères neufs F. DIDOT, sur papier velin superfin satiné, et collationnée sur toutes celles qui l'ont précedee, notamment sur la belle edition de M. Lequien, formera un volume de 700 pages environ, qui paraîtra en 21 livraisons, les 15 et 30 de chaque mois.

Prix de chaque livraison : 1 fr. sans atlas, 1 f. 40 c. avec atlas.

NOUVEAUTÉS.

PROCÈS FAIT A LA CONGRÉGATION DITE DES BACCHANALES, l'an de Rome 566. In-32.   30 c.
(Traduit de Tite-Live par M. Dupin, avocat la seconde edition est sous presse.

LES JÉSUITES. Épître à M. le président Séguier, par Barthélemy et Mery. 4e edit. In-32.   30 c.

ÉPITRE A M. DE VILLÈLE, par M. Méry (cinquième édition). In-32.   30 c.

TROIS JÉSUITIQUES. Satires, suivies de Notes historiques, psr l'auteur du Compère Mathieu.   30 c.

Légataire universel	Partie de Chasse
Eugenie.	de Henri IV.
Hector	Blaise et Babet.

L'ART DE GAGNER SA VIE, ou Encyclopédie industrielle, traitant de toutes les ressources, indiquant tous les moyens, pour faire, conserver ou augmenter sa fortune, dans quelque etat et dans quelque situation qu'on se trouve. Ouvrage utile aux plus modestes artisans comme aux plus riches speculateurs, par Mosse Un gros volume in-8. , 3e edition, couverture imprimee.   5 fr·

L'ART DE VIVRE HEUREUX, ou les vrais interêts de l'homme en societe, par M l'abbe Lang. 1 vols in-18.   2 fr. 50 c.

PANORAMA GÉOGRAPHIQUE FRANCAIS, ou les mille et une beautes de la geographie de France. 1 gros vol. in-8., orne de 87 cartes et de 86 vues des principales villes de la France, avec un texte contenant des details geographiques et historiques du plus grand interêt. (Charmant cadeau)

    Prix, cartes et vues en noir.   12 fr.
    Idem coloriees.   15 fr.

PANORAMA HISTORIQUE DE L'UNIVERS, ou les mille et une beautes de l'histoire universelle, à l'usage des maisens d'education des deux sexes, par A. J B. Bouvet de Cresse. 1 vol. in-12, orné de 4 superbes fig en taille-douce.   3 fr. 50 c.

TÉLÉMAQUE TRAVESTI, poème héroi-comique en douze chants, par Parigot, troisième edition. 1 joli vol in-32, papier velin satiné vignette. 2 fr.